Les mots
de la
MAISON

Volume II

L'intérieur

ARCHIVES D'ARCHITECTURE MODERNE
BRUXELLES

1   9   9   5

Antoine Pompe, le hall de la maison de mes rêves, 1917

Louis Herman De Koninck, projet pour la chambre de l'architecte et de sa femme, 1918

Pousser la porte d'une maison, en franchir le seuil, c'est découvrir tout un monde, le monde des autres, plein de fantaisie et de gaité, d'ordre et de désordre.

Autrefois, il n'y a pas si longtemps, la vie de beaucoup de familles se déroulait dans une ou deux pièces: la salle commune et la chambre et tous se tenaient autour de l'âtre, source de lumière et de chaleur. Puis les maisons et les appartements sont devenus plus spacieux, on y a installé l'eau, la lumière artificielle et le chauffage central (gaz à tous les étages!). Eclairée et chauffée, une pièce est attribuée aux différentes activités de la vie: salon, salle à manger, cuisine, chambre des parents et des enfants, salle de bains, toilettes, parfois un bureau, une salle de musique, une bibliothèque. Toutes ces pièces sont reliées par des halls, vestibules, couloirs et escaliers.

Les architectes et les décorateurs ont alors dessiné des intérieurs adaptés aux différents usages: cuisines modernes carrelées et ensoleillées (halte aux microbes!); salons avec cheminée, fauteuils confortables et piano; salles à manger avec lambris, frise et lustre; chambres tapissées de papier peint avec placards et portes-fenêtres...

C'est à cette extraordinaire conquête dans l'art de vivre que ce livre te convie. Pousse donc la porte, franchis le seuil, tourne la page...

Le plan

*Représentation de la maison selon
une section horizontale*

«Le plan est le générateur. Sans plan, il y a désordre, arbitraire. Le plan porte en lui l'essence de la sensation. La vie moderne demande, attend un plan nouveau pour la maison et pour la ville.»

LE CORBUSIER *(Vers une architecture)*

Emile Van Leemputten, plan du rez-de-chaussée
d'une maison pour un peintre, vers 1910

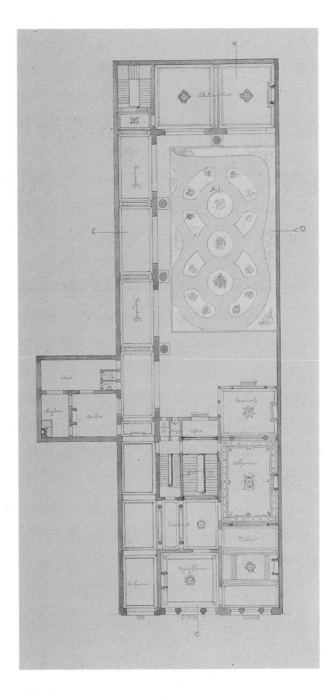

9

La coupe

*Représentation de la maison selon
une section verticale*

«Faites une coupe générale du bâtiment principal sur
la salle de billard et le cabinet de votre beau-frère,
c'est-à-dire une coupe transversale qui indiquera les
murs, les planchers, les cheminées et les combles.»

Eugène VIOLLET-LE-DUC *(Histoire d'une maison)*

Jules Brunfaut, coupe de l'hôtel particulier de M. Ribeiro à Lisbonne, 1890

L'axonométrie

Perspective sans point de fuite, technique de représentation souvent utilisée pour expliquer la disposition intérieure d'un bâtiment

«Dans la demi-obscurité, Charles-Edouard avançait silencieusement de pièce en pièce guidé par le plan axonométrique des différentes salles du musée avec l'indication des meubles, des objets et des tableaux de maîtres modernes. Il approchait de son objectif, le grand Matisse rouge.»

Paul BOULARD *(L'esprit nouveau)*

Josse Franssen, vue axonométrique
du premier étage d'une villa square Coghen à Bruxelles, 1934

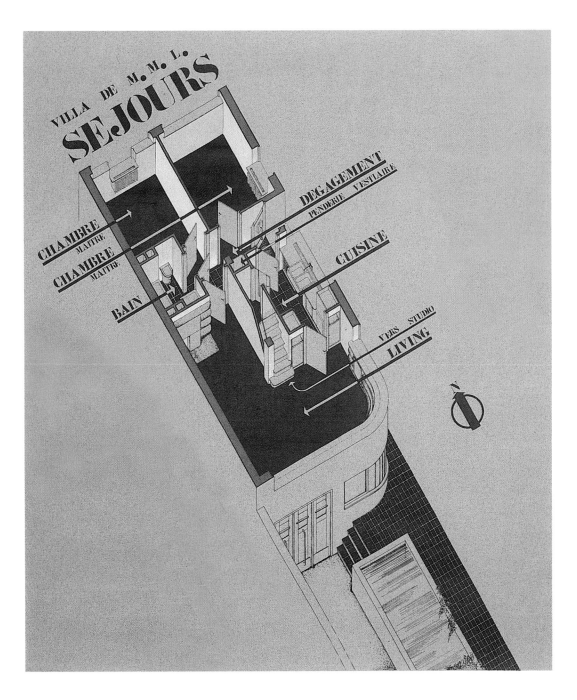

Le vestibule

*Petite pièce ou couloir d'entrée donnant accès
aux autres pièces et à l'escalier*

«Arrivé au rez-de-chaussée, il cligna de l'œil à son
imperméable pendu dans le vestibule.»

Albert COHEN *(Belle du seigneur)*

Fernand Petit, vestibule de la villa "Les Eclaircies" à Duinbergen, 1913

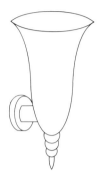

L'applique

Appareil d'éclairage fixé sur un mur

«Il m'accompagna jusqu'à la porte... à travers un couloir tendu de velours bleu nuit et éclairé par des appliques aux guirlandes de petits cristaux.»

Patrick MODIANO (*Rue des boutiques obscures*)

M. Van Doren, projet d'aménagement intérieur, vers 1935

Le hall

Pièce située généralement au centre d'une maison qui
permet un accès facile aux autres pièces et à l'étage

**«Il s'est plu à décorer le hall et l'escalier des portraits
de tous ceux qui ont orné sa vie.»**

André MAUROIS *(Disraëli)*

Antoine Pompe et **Adhémar Lener**, projet de hall, dans la revue *Le Cottage*, 1904

PONTE & LEWER. ARCHS

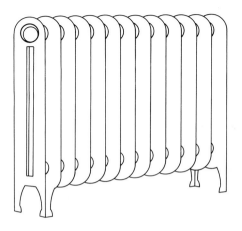

Le radiateur

*Elément en métal, généralement relié à un système de chauffage central,
qui émet de la chaleur par rayonnement*

«Il fit grand froid cet hiver-là et le charbon man-
quait... je collais vainement au radiateur mes doigts
gonflés d'engelures.»

Simone DE BEAUVOIR (*Mémoires d'une jeune fille rangée*)

Louis Herman De Koninck, studio de la maison à Campo à Bruxelles, 1921

21

Le salon moderne

Pièce aménagée avec un mobilier moderne, où l'on reçoit
des visiteurs et où l'on se réunit en famille et entre amis

«je m'assis discrètement dans le salon et lus un cha-
pitre du roman que je pris sur la table. Je ne sais si
c'est parce que cette prose était du pur charabia ou
parce que le whisky déformait tout dans ma cervelle,
mais cela me fit l'effet de n'avoir ni queue ni tête.»

Francis Scott FITZGERALD *(Gatsby le magnifique)*

Louis Herman De Koninck, salon présenté à l'Exposition des Arts Décoratifs
de Paris en 1925 et conçu pour la maison de M. Gobert , avenue de l'Escrime à Stockel, 1923

Le salon Art Nouveau

Salon aménagé avec un mobilier de style Art Nouveau

«La lumière électrique inondait tout cet harmonieux
ensemble, et tombait de quatre globes dépolis à demi
engagés dans les volutes du plafond. Je regardais
avec une admiration réelle cette salle si ingénieuse-
ment aménagée, et je ne pouvais en croire mes yeux.»

Jules VERNE *(Vingt mille lieues sous les mers)*

Georges Hobé et **Antoine Pompe**, aménagement d'un studio
pour l'Exposition Internationale d'Arts Décoratifs de Turin en 1902

Le salon de réception

*Vaste pièce aménagée avec un soin particulier où l'on reçoit des visiteurs
et où se déroulent fêtes, réceptions et bals*

«C'était une de ces fêtes de printemps, d'un charme si
tendre. Les chaudes soirées de juin avaient permis
d'ouvrir les deux portes du grand salon et de prolon-
ger le bal jusque sur le sable du jardin.»

Emile ZOLA *(Nana)*

Maxime Brunfaut, projet de salon de réception, 1928

Le salon fou

*Salon dont le mobilier est disposé
en dépit du bon sens*

**«Monsieur le professeur, dit alors cet homme étrange,
vous excuserez le sans gêne avec lequel je vous
reçois, et le désordre qui règne dans ce salon.»**

Jules VERNE *(Vingt mille lieues sous les mers)*

René Braem, projet de salon pour une exposition, 1948

Le salon de musique

Salon où l'on joue et écoute de la musique

«A gauche un salon de musique - tel était le nom que lui donnait Mademoiselle Aubier... qui contenait... un immense pavillon de tourne-disque sans tourne-disque, une grande chaise longue à rallonge en rotin... une lampe arabe, un piano à queue, des mandolines et des quarts de violon sans cordes sur fond de velours jaune.»

Pascal QUIGNARD (*Le salon du Wurtemberg*)

Maurice Houyoux, projet de salon de musique, vers 1940

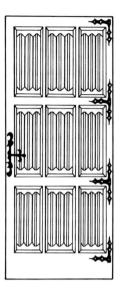

La porte

Panneau mobile permettant le passage d'une pièce à une autre

«A la porte de la salle
Ils entendirent du bruit;
Le rat de ville détale,
Son camarade le suit.»

Jean DE LA FONTAINE *(Le rat de ville et le rat des champs)*

Wynand Janssens, décoration d'un salon
pour le château de Rond-Chêne à Esneux, vers 1885

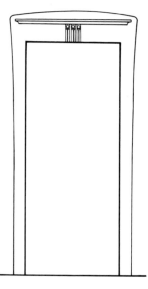

Le chambranle

*Encadrement en bois ou en pierre généralement
mouluré, d'une porte ou d'une fenêtre*

«Elle n'ouvrait pas non plus sa porte davantage, se
sentant sans doute plus en sûreté à l'intérieur, tenant
le battant d'une main et de l'autre le chambranle,
prête à refermer.»

Alain ROBBE-GRILLET *(Dans le labyrinthe)*

Georges Hobé et **Antoine Pompe**, aménagement d'un studio
pour l'Exposition Internationale d'Arts Décoratifs de Turin en 1902

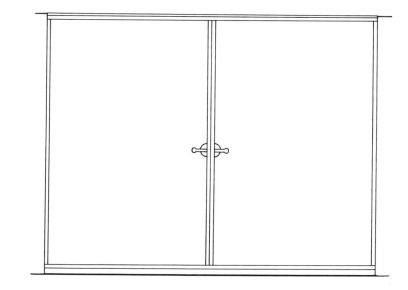

La porte-fenêtre

Porte vitrée généralement à deux battants ou coulissante
qui donne accès à une terrasse, un balcon ou un jardin

«Je retrouvai Rouletabille et Mme Boulenger causant
dans un coin, près des portes-fenêtres ouvertes sur
les terrasses.»

Gaston LEROUX (*Le crime de Rouletabille*)

Sta Jasinski, projet d'aménagement intérieur pour M. et Mme Hallet, 1933

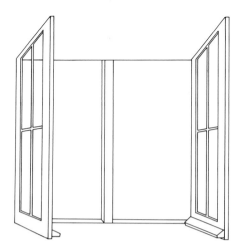

La fenêtre

Ouverture pratiquée dans un mur, pour faire pénétrer l'air et la lumière
à l'intérieur d'une pièce et munie d'un châssis vitré

«Emma était accoudée à sa fenêtre, elle s'y mettait souvent: la fenêtre, en province, remplace les théâtres et la promenade...»

Gustave FLAUBERT *(Madame Bovary)*

Flor Van Reeth, vue depuis un intérieur
de la cité-jardin "Zuid-Australië" à Lierre, vers 1922

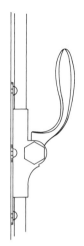

L'espagnolette

Mécanisme de fermeture d'un châssis (fenêtre ou porte), constitué d'une tige métallique verticale munie d'une poignée et dont les extrémités viennent s'emboîter dans des petites pièces métalliques (gâches)

«Edmond ferma la fenêtre en ricanant, et se mit à se raser devant une petite glace pendue à l'espagnolette.»

Louis ARAGON (*Les beaux quartiers*)

Paul Hankar, détails d'huisseries pour l'Hôtel Zegers-Regnard, avenue Louise à Bruxelles, 1895

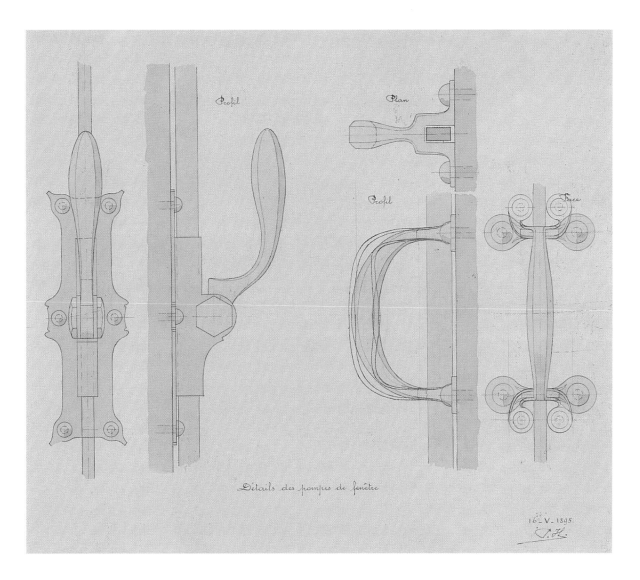

Profil

Plan

Profil

Face

Détails des pompes de fenêtre

16 _ V _ 1895

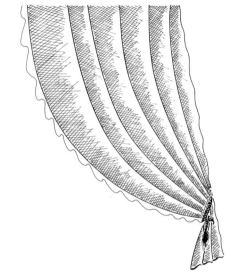

La tenture

*Pièce de tissu placée devant une fenêtre pour protéger
de la lumière, du froid et des regards indiscrets*

«La tenture du petit salon qui n'était qu'une simple
mousseline mais rouge, et prête à s'incendier si un
rayon de soleil y donnait.»

Marcel PROUST *(Le temps retrouvé)*

M. Van Doren, projet d'aménagement intérieur, vers 1935

Le plancher

Assemblage de planches de bois jointives
qui constitue le sol d'une pièce

«Michel... armé d'une épingle, allait dénicher la poussière dans les rainures du plancher.»

Gaston BACHELARD (*La poétique de l'espace*)

Camille Huart, projet de hall, vers 1910

LE HALL
C. HUART
ARCHᵀᴱ

Le carrelage

*Assemblage de petits carreaux de céramique formant
le pavement d'un sol ou le revêtement d'un mur*

«j'admirais la batterie de cuisine étincelante... et surtout l'irréprochable propreté de l'objet de mon soin tout particulier - le carrelage bien lavé et bien balayé.»

Emily BRONTË *(Les Hauts de Hurle-Vent)*

Fernand Petit, projet de hall pour une maison
particulière, rue Edmond Picard à Bruxelles, 1914

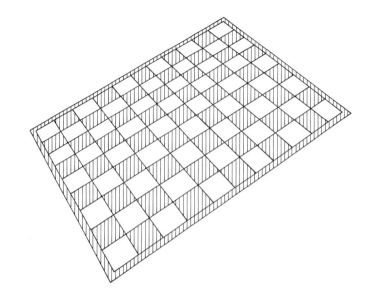

Le tapis

Pièce d'étoffe épaisse destinée à être étendue sur le sol pour le décorer, étouffer les bruits et protéger du froid

«Les pieds rencontrent le chaud tissu d'un tapis belge, épais comme un gazon et à fond gris de lin semé de bouquets bleus.»

Honoré DE BALZAC *(Une fille d'Eve)*

Louis Herman De Koninck, projet de mobilier
pour la villa de M. Gobert à Stockel, 1923

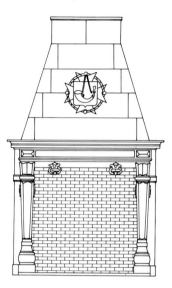

La cheminée

Ouvrage de maçonnerie pour le chauffage d'une pièce, formé essentiellement d'un foyer ouvert ou âtre, de son encadrement et d'un conduit pour l'évacuation de la fumée

«A l'intérieur, elle me souffle tantôt le chaud, tantôt le froid... Mais c'est tout de même une cheminée. Elle seule me dispense une lumière qui n'est pas fixe, une dansante lueur. Elle seule consomme une matière encore presque vivante, dont l'odeur parle de forêt.»

COLETTE (*En pays connu*)

Henri Mardulyn, projet de cheminée
pour la maison de M. Van Fleteren à Malines, 1930

L'âtre

Partie de la cheminée où l'on fait le feu, généralement couverte de dalles de pierres, de briques, de carreaux réfractaires ou de fonte

«Elle enfouissait la bûche sous les cendres et s'endormait devant l'âtre...»

Gustave FLAUBERT *(Un cœur simple)*

Antoine Pompe et **Adhémar Lener**, projet
de salle à manger, dans la revue *Le Cottage*, 1904

Le poêle

*Appareil de chauffage fermé où brûle un combustible,
généralement du bois, du charbon ou du mazout*

«Comme il est d'usage chez les gens d'autrefois, nos vieillards habitaient un logis aux pièces petites et basses, et dont un énorme poêle occupait presque le tiers. On étouffait dans ces chambrettes...»

Nicolas GOGOL (*Mirgorod*)

Lucien François, projet de cuisine pour une ferme à Wespelaer, 1913

Le lambris

*Revêtement des murs d'une pièce, formé de cadres
et de panneaux généralement en bois*

«derrière les rideaux épais, au fond de quelque
immense et brillante galerie, peut-être allait-il appa-
raître une princesse endormie depuis cent ans... sor-
tant d'une colonne de marbre, entrouvrant un lambris
doré!»

Alfred DE MUSSET (*Contes, "La mouche"*)

Gabriel Van Dievoet, projet de décoration du grand salon
de Mme Santerre à Bruxelles, vers 1910

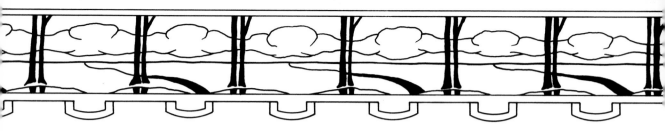

La frise

*Bandeau généralement de faible largeur, peint
ou sculpté qui décore les murs d'une pièce*

«une frise bleu clair, où alternaient des oies blanches
et des petits chiens roux. L'oie attaquait le petit chien,
encore et encore, trente-huit fois autour de la
chambre.»

Vladimir NABOKOV *(La défense Loujine)*

Flor Van Reeth, projet d'aménagement de la salle
à manger d'une maison de campagne, vers 1910

Le plafond

*Surface horizontale qui limite intérieurement
une pièce dans sa partie supérieure*

«Sans doute... il faut que les salons soient élevés de plafond. Mais, vous avez bien vu, n'est-ce pas, de ces maisons de campagne au style ancien et joli qui ont les plafonds du rez-de-chaussée peu hauts, avec des poutres saillantes et étroites?»

William Dean HOWELLS (*La fortune de Silas Lapham*)

Gabriel Van Dievoet, projet de plafond, vers 1902

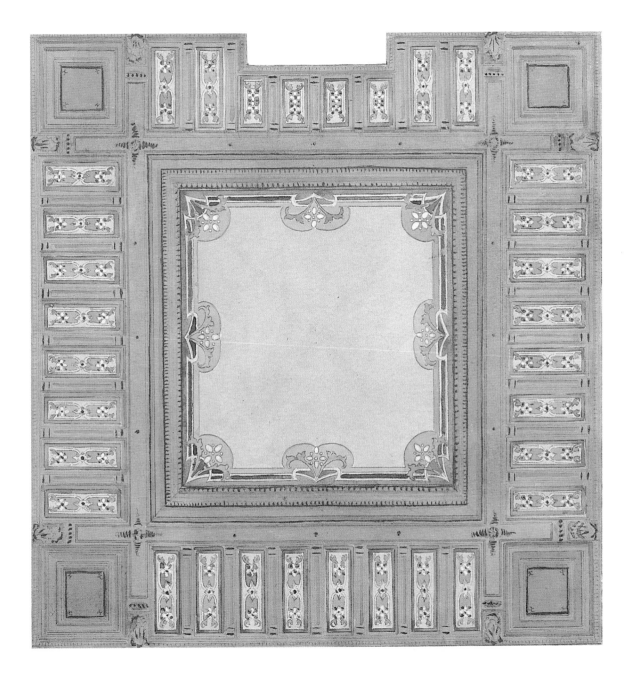

61

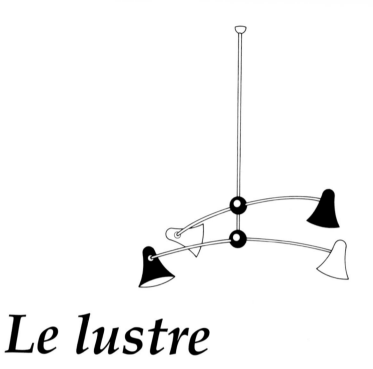

Le lustre

Appareil d'éclairage suspendu au plafond

«Au plafond, un lustre... dont une seule lampe est
allumée; économie. Une mouche d'hiver se chauffe,
mélancolique, sur l'ampoule.»

Georges DUHAMEL (*Journal de Salavin*)

Marcel-Louis Baugniet, projet d'aménagement de living-room, 1954

63

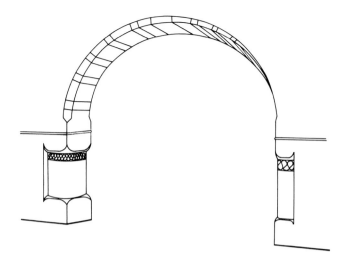

La baie

*Large ouverture pratiquée dans un mur, parfois munie
de portes, pour faire communiquer deux pièces*

**«Deux grands salons communiquaient par une
large baie.»**

Lucien DESCAVES

Lucien François, projet pour un atelier d'artiste, 1915

La salle à manger

Pièce où l'on prend les repas

«Et ainsi ils retournèrent dans la belle salle à manger. Mais - oh! oh! que s'était-il passé? Les rubans et les roses étaient tiraillés, dénoués, les petites serviettes rouges tombées sur le plancher. Et toutes les assiettes brillantes étaient sales...»

Katherine MANSFIELD (*Sun et moon*)

Charles Colassin, projet de salle à manger pour une maison unifamiliale, 1931

SALLE A
MANGER

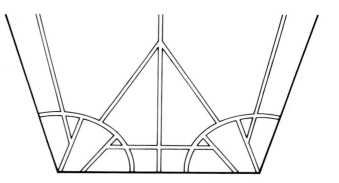

La verrière

Grande surface vitrée avec une structure métallique
insérée dans un plafond

«Les verrières laissaient passer la lumière du jour en
lui donnant une tonalité bleu pâle.»

Patrick MODIANO (*Rue des boutiques obscures*)

Ernest Blérot, verrière de la maison de M. Desmet, avenue Louise à Bruxelles, 1902

Le vitrail

Assemblage de pièces de verres colorés, maintenues par un réseau de plomb
et intégrées dans une fenêtre, une porte ou une verrière

«A travers les riches vitraux de la fenêtre, la lumière
abricot d'un jour d'été londonien inondait la pièce.»

Oscar WILDE (*Le portrait de Dorian Gray*)

Faldoni Vandevelde, projet de vitrail, vers 1900

71

La véranda

Pièce vitrée adossée à une façade de la maison, servant généralement de petit salon ou de serre tempérée que l'on meuble de plantes

«La véranda avait été entièrement vitrée et transformée en un jardin d'hiver, clos et tiède comme une serre.»

Roger MARTIN DU GARD (*Les Thibault*)

Luc Schuiten et **Fleur Delwart**, étude pour la véranda de la maison Spagnuolo à Bruxelles, 1995

Le couloir

Passage long et étroit qui dessert différentes pièces

«il n'était pas difficile d'égarer qui voulait vous suivre: il suffisait d'enfiler un couloir (il y en avait de longs, étroits et tortueux, avec de petites fenêtres grillagées, qu'on ne pouvait parcourir sans angoisse).»

Giuseppe TOMASI DI LAMPEDUSA (*Le guépard*)

Fernand Chambon, couloir de l'Hôtel Roose, avenue Louise à Bruxelles, 1927

Le fumoir

*Petit salon ou pièce où l'on se tient
pour fumer et bavarder*

«Ce fumoir présentait une particularité remarquable, c'est que l'on y fumait fort peu. Il convenait de ménager la poitrine de Fauvet, harcelé par les crises d'asthme.»

Georges DUHAMEL (*Cécile*)

Marcel-Louis Baugniet, projet de fumoir, 1927

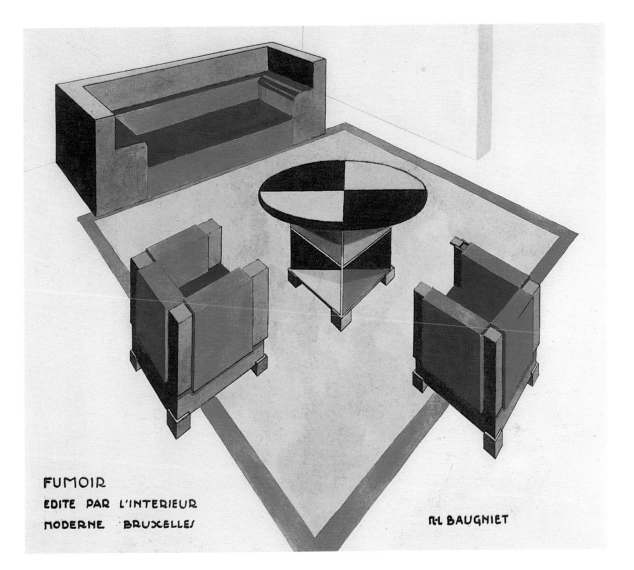

FUMOIR
EDITE PAR L'INTERIEUR
MODERNE BRUXELLES

M-L BAUGNIET

La cuisine ancienne

*Pièce pourvue d'une cuisinière, d'un évier et des ustensiles nécessaires
à la préparation des repas et où l'on mange généralement en famille*

«une cuisine où il n'y a que la cuisinière noire, l'évier, les casseroles très propres dont on ne se sert pas,... et sur la cheminée, une série de pots en porcelaine, fleuris, avec dessus: poivre, sel, thé, farine...»

Elsa TRIOLET (*Le premier accroc coûte deux cents francs*)

Lucien François, projet de cuisine, 1915

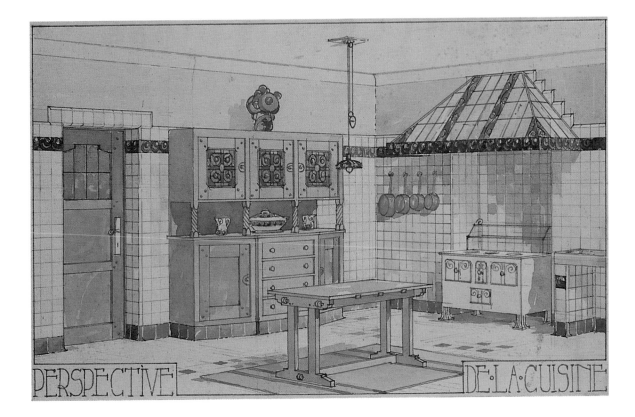

PERSPECTIVE   DE·LA·CUISINE

La cuisine moderne

Pièce pourvue d'un mobilier fonctionnel encastré et équipée d'appareils électriques et d'ustensiles destinés à la préparation des repas

«Dans la cuisine il y avait un appareil capable d'extraire le jus de deux cents oranges en une demi-heure, il suffisait qu'un valet appuyât deux cents fois de suite sur un bouton avec le pouce.»

Francis Scott FITZGERALD (*Gatsby le magnifique*)

René Braem, projet de cuisine dans un immeuble à appartements, 1934

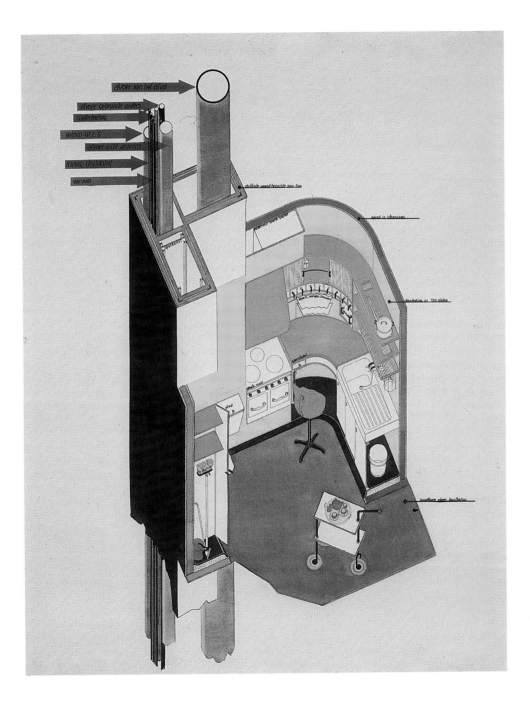

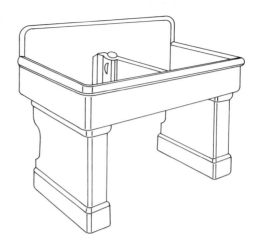

L'évier

Cuvette fixe en faïence émaillée, en métal ou en grès, munie d'une alimentation en eau et d'une vidange, dans laquelle on lave la vaisselle et les légumes

«Il se vit à tel point égaré, qu'il en fut presque amusé. Mais la femme, qui était occupée à laver son bol sur l'évier, se retourna, curieuse à son tour...»

Alain FOURNIER (*Le Grand Meaulnes*)

Brochure publicitaire pour les établissements "Sanit", vers 1940

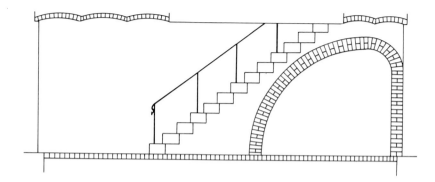

La cave

Pièce en sous-sol qui peut servir de débarras et
où l'on conserve le vin et diverses provisions

«Sur la pointe des pieds, Schulz descendit à sa cave,
où il n'allait plus depuis longtemps, de peur du froid
et des escaliers raides.»

Romain ROLLAND (*Jean-Christophe*)

Désiré Haine, projet de maison de village, 1919

L'escalier

*Construction formée de marches qui permettent de monter
et de descendre pour passer d'un étage à un autre*

«En montant l'escalier, le silence de la maison endormie qui lui renvoyait son pas lourd le gênait comme
un remord.»

Alphonse DAUDET (*Contes du lundi*)

Fernand Petit, hall d'une villa à Wemmel, 1917

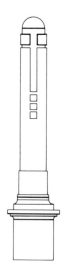

Le départ d'escalier

*Élément généralement décoré sur lequel bute
la rampe au bas de l'escalier*

«Derrière les carreaux vitrés de la porte, je voyais le départ de l'escalier que j'ai eu envie de monter lentement pour refaire les gestes que je faisais et suivre mes anciens itinéraires.»

Patrick MODIANO (*Rue des boutiques obscures*)

Jos Bascourt, hall pour la maison de campagne "Sunny Home" à Schoten, 1923

La rampe d'escalier

Garde-corps servant de protection devant le vide de la cage d'escalier
et pourvu d'une main courante ou barre d'appui

«L'escalier est de bois. On a dû le cirer au début des temps et, par la suite, se contenter de le brosser à l'eau de Javel... Quand, avec le poing bien serré, on donne un coup sur la rampe, une longue vibration la saisit et s'envole jusqu'au ciel.»

Georges DUHAMEL (*Le notaire du Havre*)

Paul Hankar, projet d'escalier pour le vestibule
de l'atelier Bartholomé à Bruxelles, 1898

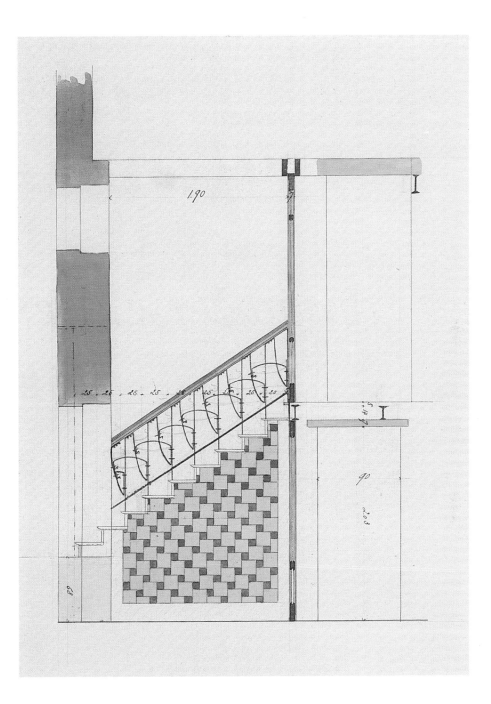

1.90

25 25 25 25 25 25 25 25

90

2.03

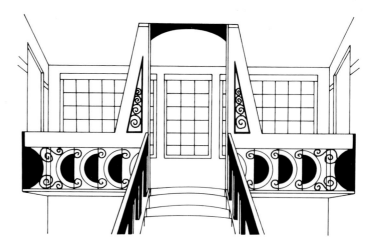

La galerie

Espace de passage situé à mi-niveau d'une grande pièce

«Elle descendit en hâte du taxi, poussa la grille,
ouvrit la porte, s'arrêta, émerveillée par le grand hall
et la galerie qui en faisait le tour.»

Albert COHEN (*Belle du seigneur*)

René Braem, projet de hall, 1926

La chambre à coucher

Pièce où l'on dort

«Parmi tant de splendeurs, je dormais dans une chambre dépourvue de tout ornement. Elle donnait sur le jardin et s'appelait la "chambre rose" du fait de son stucage rose brillant...»

Giuseppe TOMASI DI LAMPEDUSA (*Le guépard*)

Marcel Callie, projet de chambre à coucher, vers 1930

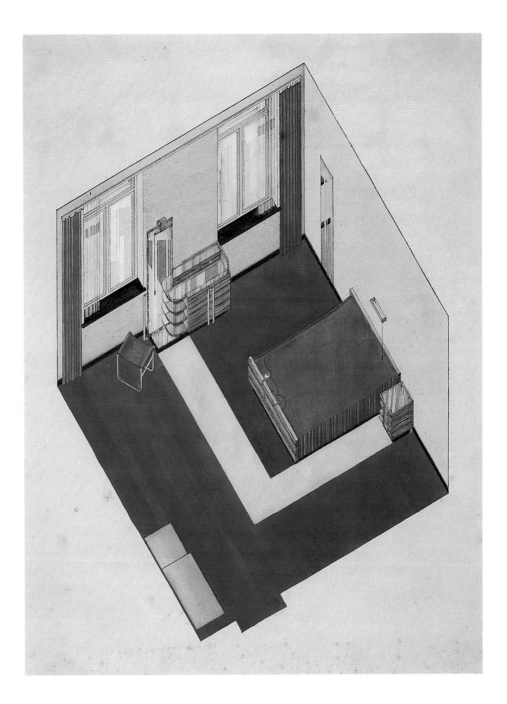

Le papier peint

*Papier décoré de motifs imprimés qui sert
à tapisser les murs des pièces*

«Les chambres: de naïfs papiers aux murs s'élancent,
Papiers de fleurs, d'oiseaux, de personnages clairs
Papiers simples et doux, qui répètent leurs airs
Comme une monotone et sensible romance.»

Anna DE NOAÏLLES (*L'ombre des jours*)

Louis Herman De Koninck, projet pour un concours
de meubles pour la revue *Habitations à Bon Marché,* vers 1916

Pages suivantes:
Léon Sneyers, projets de motifs décoratifs pour papier peint, vers 1910

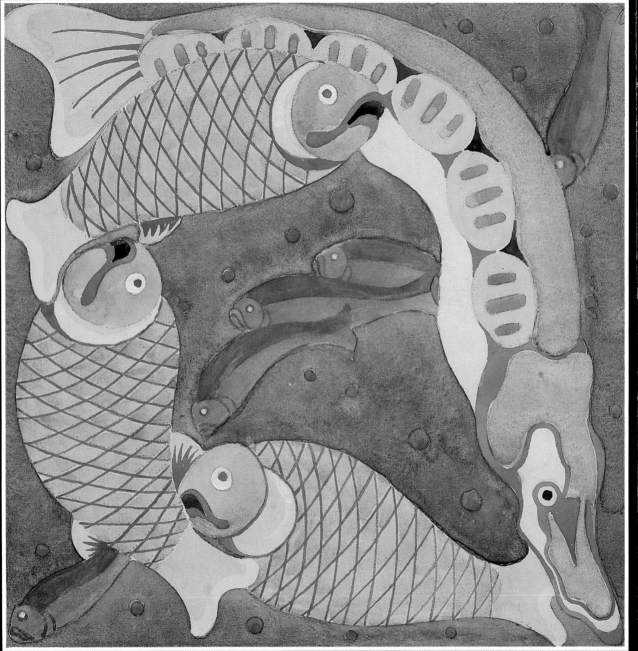